This Book Belongs To ...

....

....

....

....

Date:_____/_____/_____   Page No:

Date: _____ / _____ / _____   Page No:

Date: _____ / _____ / _____   Page No:

Date:_____/_____/_____   Page No:

Date:_____/_____/_____   Page No:

Date:_____ / _____ / _____   Page No:

Date: ___/___/___   Page No:

Date: _____ / _____ / _____   Page No:

Date:_____/_____/_____   Page No:

Date:_____/_____/_____   Page No:

Date:_____/_____/_____

Page No:

Date: _____ / _____ / _____   Page No:

Date: _____ / _____ / _____   Page No:

Date:_____/_____/_____   Page No:

Date:____/____/_____   Page No:

Date:_____/_____/_____

Page No:

Date:_____/_____/_____   Page No:

Date: _____ / _____ / _____

Page No:

Date: ___ / ___ / _____   Page No:

Date: _____ / _____ / _____   Page No:

Date: _____ / _____ / _____   Page No:

Date: _____ / _____ / _____   Page No:

Date: _____ / _____ / _____   Page No:

Made in the USA
Coppell, TX
16 December 2019

13102969R00060